AF267204

DES

INCENDIES DE FORÊTS

EN ALGÉRIE

DE

LEURS CAUSES ET DES MOYENS PRÉVENTIFS

ET DÉFENSIFS A LEUR OPPOSER.

> Le hasard combine tous les cas possibles,
> il ne lui faut que du temps pour amener la
> chance fatale.....

PRIX : 1 fr. 50

CONSTANTINE	PARIS
LIBRAIRIE Ve GUENDE	LIBRAIRIE E. GALETTE
Place du Palais.	41, rue Mazarine.

1866

CONSTANTINE, IMP. DE Ve GUENDE.

La présente brochure est le développement de
cette doctrine

Que les incendies reconnaissent, sur tout le
globe, des origines identiques et multiples ;

Que le feu, dès qu'il a brillé dans les champs,
broussailles ou forêts peut, à moins que l'aliment
ne lui manque, s'étendre à des distances énormes ;

Qu'il faut, pour le prévenir, veiller sur toutes
les causes susceptibles de l'engendrer ;

Qu'il est nécessaire, pour les cas où les moyens
préventifs ont été déjoués, d'avoir, tout organisé,
un système qui permette de le combattre sur
l'heure et qui, en toutes circonstances, impose
une limite à sa propagation ;

Que les grandes étendues qu'il dévaste et la mul-
tiplicité des points où il éclate, ne suffisent pas
pour affirmer le calcul et l'intervention des hommes;

Que cette intervention, si fréquente, si habi-
tuelle qu'on la veuille admettre en général, exige,
alors surtout qu'il s'agit de pénalité et d'amende,
sa preuve directe à chaque nouveau sinistre.

Le lecteur est prié de ne voir dans les pages
qui lui sont livrées, et qui ne concernent pas
plus les incendies d'une époque que ceux d'une
autre, rien au-delà de ces idées.

DES

INCENDIES DES FORÊTS

EN ALGÉRIE

ET DE LEURS CAUSES

Les incendies ont à diverses époques ravagé les champs et les forêts de l'Algérie.

Ils ont anéanti des richesses acquises et réduit dans une proportion affligeante une source de travail et de salaires qui, de plus en plus, attirait l'attention des ouvriers européens.

La fréquence de leur retour atteint, non moins que les capitalistes exploitants et les travailleurs salariés, la colonie elle-même dont la prospérité est étroitement liée à l'exploitation paisible et régulière de ses richesses naturelles.

Ils sont devenus, par le fait, une des grosses questions que le pays a à résoudre.

Que les cris de détresse poussés à leur occasion aient été l'expression exacte des désastres subis ou en aient plus ou moins dépassé la mesure, c'est ce qu'il ne nous importe pas de savoir. Qu'une réparation soit due ou non aux victimes ; qu'il convienne de la porter à un chiffre ou à un autre, d'y satisfaire par de l'argent ou autrement, c'est ce que nous n'avons pas à examiner.

Le mal a été grand, considérable ; il faut, *dans les limites possibles*, en prévenir le retour. Là, exclusivement, est notre but.

Or, pour prévenir un mal dans la mesure que permettent le savoir et la prudence des hommes, il est indispensable de connaître toutes les causes, souvent fort différentes, qui peuvent lui donner naissance. — En admettre, s'il y en a dix, une seule à l'exclusion des neuf autres, c'est de parti pris se fermer les yeux et s'exposer aux sinistres ultérieurs.

Recherchons-donc, tout à la fois, dans les évènements contemporains et dans l'observation des siècles, les faits qui peuvent servir à l'élucidation du problème des incendies de forêts. Sans négliger les enseignements que l'Algérie nous fournit sur la question, faisons large place surtout à ceux qui lui sont étrangers et qui, par le temps et par les lieux où ils ont été recueillis, échappent absolument aux intérêts présents, aux passions et aux récriminations des partis.

Et d'abord, constatons que les chênes-liéges ne brûlent pas plus souvent en Algérie qu'en France et ailleurs, d'où la probabilité grande que la flamme s'y engendre exactement suivant les mêmes modes que partout. Dans la région des Maures et de l'Esterel, pays à liéges (Provence), d'après M. Charles de Ribbe « sur
» une longueur d'une trentaine de lieues qu'on
» pourrait nommer la *région du feu*, la seule
» année 1864 a vu brûler en quelques
» jours 11,000 hectares de bois...... La des-
» truction par le feu y est si redoutable, si in-
» tense, qu'un préfet, M. Mercier-Lacombe,
» écrivait en 1858, dans son rapport au con-
» seil général du Var : « *Depuis cinq ans,*
» l'incendie a plus brûlé de bois que n'en au-
» raient fait périr tous les troupeaux du dépar-
» tement pâturant librement dans les défenses
» domaniales et communales !,.... Par des

» temps calmes le feu y est toujours à crain-
» dre ; mais si de véritables ouragans viennent
» à se déchaîner, peut-on dire ce qu'il dévo-
» rera et où il s'arrêtera!... On serait disposé
» à croire que le nombre, la fréquence et la
» gravité des incendies se sont accrus et aggra-
» vés de nos jours..... En 1863, l'incendie a
» brûlé 6,000 hectares ; en 1864, 11,000 hec-
» tares.... Déjà de 1838 à 1848, d'après des
» documents officiels, 40,000 hectares de bois
» avaient été la proie du feu, et la perte
» avait été évaluée à 4 millions de francs.....
» Où s'arrêtera la marche du fléau, si
» on ne tente contre lui un effort su-
» prême ?... »

Quelles sont donc les conditions qui, partout où ils existent, soumettent si fréquemment les chênes-liéges à la flamme ?

En Algérie, nous enregistrons à l'endroit de ces conditions les affirmations et les hypothèses suivantes :

1° De la part des intéressés, sauf un seul ou deux peut-être, une affirmation énergique et unanime se produit. Si, d'époque en époque, la flamme dévaste les massifs boisés de la Ka-bylie, c'est qu'il y a complot organisé, révolte ouverte des indigènes contre les exploitations européennes ;

2° Pour le rapporteur du conseil général de Constantine, les incendies de forêts ont des sources multiples : malveillance possible de quelques indigènes contre les Européens, — désir chez plusieurs autres de se procurer des pacages, — imprudence de beaucoup, et des Européens eux-mêmes, qui se méfient trop peu, pendant l'été, du feu que communiquent souvent aux herbes sèches et aux broussailles les allumettes et les bouts de cigare des fumeurs, la bourre des fusils de chasse, — et enfin, peut-être, une action de fermentation comparable à celle qui se remarque fréquemment dans les fumiers humides et dans les foins emmeulés trop verts.

3° Suivant d'autres opinions exprimées çà et là, il suffirait, pour donner naissance au feu, du frottement des arbres voisins, couronne contre couronne, sous l'influence des vents violents, alors que la température ambiante est excessive, — ou bien de la présence d'un objet brillant et opaque concentrant les rayons solaires sur une tige desséchée, à la façon d'un miroir réflecteur, — de la présence d'un fragment de verre formant lentille, — ou bien encore, du dégagement par le sol, par les racines à fleur de terre, de gaz susceptibles de s'enflammer spontanément.

Que penser de ces diverses affirmations, opinions ou hypothèses? Est-il une seule des causes énumérées tellement impossible en raison, ou tellement nécessaire en fait qu'il ne soit plus permis d'avoir un doute à son égard, si, ce qu'à Dieu ne plaise! le fléau du feu devait un jour reparaître dans nos forêts?

Nous sommes loin d'avoir cette fermeté de conviction. A nos yeux, aujourd'hui encore, après des discussions animées, l'incertitude règne sur les conditions diverses auxquelles les embrasements se rattachent, sur les conditions diverses que les prévisions ont à déjouer pour conjurer définitivement les sinistres.

L'enquête qui a eu lieu à Constantine, en conséquence de l'arrêté de Son Excellence le gouverneur, en date du 30 décembre 1865, a produit un travail substantiel et remarquable à beaucoup d'égards, mais où l'étude des causes des incendies, il faut le reconnaître, a été étrangement négligée. La commission à qui elle était confiée a été amenée, dit-elle, sur l'examen de nombre de dossiers judiciaires, de rapports et de procès-verbaux émanant de fonctionnaires militaires et d'agents forestiers, a été amenée à la conviction que les incendies ont été allumés volontairement par les indigènes : sur un ou deux points par malveillance ; partout ailleurs pour donner satisfaction à d'anciennes habitudes pastorales et agricoles.

En vérité, d'où lui vient cette conviction si absolue ? De quels faits s'autorise-t-elle pour emprisonner le problème qui lui était soumis dans ces termes inflexibles ? Elle donne pour origine aux incendies de 1865 la malveillance comme exception, l'imprudence comme règle. Est-ce à dire que pour elle, en dehors de la malveillance et de l'imprudence, rien n'est possible, rien n'est à rechercher, à prévoir, à empêcher ? Elle aurait donc fait des recherches et des expériences qui lui permettent de reléguer parmi les fables : ces flammes qu'on prétend parfois sortir de terre, — cette inflammation des arbres sous la seule influence du frottement, — cette action des rayons solaires sur les corps combustibles, quand ils sont réfléchis ou réfractés d'une manière efficace par les mille objets épars sur le sol — ces fermentations dues à des chaleurs torrides et qui, d'après quelques-uns, pourraient naître sous l'écorce de *certains* chênes-liéges ou dans des tas de feuilles amoncelées, tout aussi bien qu'au sein des fumiers et des foins humides ?

Soit qu'elle ait eu par avance des idées arrêtés ou des répugnances instinctives, soit qu'elle ait attaché une valeur à des réfutations insignifiantes et intéressées, la commission a gardé sur ces diverses questions un silence discret. Elle n'a cru devoir en faire mention ni pour les affirmer, ni pour les nier, ni pour les réserver. Son œuvre donc est à reprendre et à compléter.

Une difficulté doit préalablement être résolue.

Etant donnée une flamme *unique* dans les circonstances les plus favorables à sa propagation, à quel rayon s'arrêtera l'incendie qui en sera la conséquence ?

On a beaucoup dit que le feu, quand il était dû à une cause purement accidentelle, se limitait toujours à des surfaces restreintes, et que celui qu'on voyait s'étendre rapidement à des milliers d'hectares avait nécessairement des origines multiples et dérivait d'un concert coupable. L'observation impartiale démontre l'erreur d'une pareille assertion. Une seule flamme, une seule étincelle, quand les circonstances lui viennent en aide, suffit pour embraser des centaines de kilomètres. Les exemples abondent qui démontrent le fait. Un seul bien constaté réduit à néant toutes les divagations philosophiques et scientifiques entassées depuis un an au profit de la thèse contraire. Celui que nous allons rapporter vient d'une source qui ne semblera suspecte à personne.

« A l'appui de la facilité avec laquelle les
» incendies s'allument en Afrique, pendant la
» saison des chaleurs et de la rapidité avec la-
» quelle ils se propagent, qu'il me suffise, écrit
» un concessionnaire de chênes-liéges, d'en citer
» un exemple qui s'est accompli pour ainsi
» dire sous mes yeux. Dans la matinée du 9
» juillet de l'année dernière (1864), à la nou-
» velle Blidah, en pleine Mitidja, au milieu de
» la population la plus dense, un incendie
» a éclaté près de l'enceinte du chemin de fer,
» puis s'est, en moins de quelques heures,
» propagé par extension sur une surface de
» plusieurs lieues carrées et a occasionné,

» indépendemment de la mort de trois indi-
» gènes qui ont été surpris par le feu dans
» leurs gourbis, des dommages évalués à plus
» de 100,000 francs, et qui eussent été bien
» plus considérables si déjà la récolte n'avait
» été faite. Au dire des incendiés, il semble-
» rait résulter des documents produits que
» cet incendie aurait été causé par des étin-
» celles ou autres matières incandescentes
» échappées d'une locomotive du chemin de
» fer, par cette raison qu'il aurait commencé
» immédiatement après le passage d'un train,
» qu'il n'y avait pas de feu auparavant, qu'on
» n'avait vu personne aux environs de la voie,
» mais qu'un moment après les premières
» flammes avaient été aperçues. — De son
» côté la compagnie du chemin de fer allè-
» gue.......... qu'il résulte des renseignements
» recueillis qu'aucun débris de charbon brûlé
» ou calciné n'avait été remarqué sur le talus
» primitivement incendié; qu'il fallait donc
» en conclure que cet incendie avait eu pour
» cause la malveillance ou l'imprudence com-
» me sembleraient l'indiquer des restes d'allu-
» mettes trouvés près du lieu où il avait com-
» mencé. — De là procès. »

(Lettre de M. Ch. de Chabannes à M. le baron Martineau des Chenez, 26 décembre 1865.)

Qu'il faille ici accuser les étincelles de la locomotive ou les allumettes signalées, peu importe. Dans l'un et l'autre cas, la cause était accidentelle, unique, insignifiante en apparence ; l'incendie, cependant, s'est étendu avec une rapidité foudroyante, a couvert une surface de plusieurs lieues carrées, et, on peut le dire avec certitude, ne s'est arrêté que parceque l'aliment lui a manqué.

Il est donc contraire à la vérité de voir toujours des coupables et des concerts criminels là où le feu ravage de grandes étendues.

Telle est aussi la conclusion à tirer de ce passage de M. Charles de Ribbe :

» L'imprudence des fumeurs et des chas-
» seurs est un des plus grands dangers que
» courent les bois..... Malheur, disait Dalruc,
» à ceux qui laissent quelquefois des étincelles
» dans les issarts. J'en ai vu résulter de terri-
» bles incendies que le souffle du vent propage
» au loin (Histoire naturelle de la Provence). Il
» y a moins à redouter ces étincelles que le feu
» souterrain, caché au fond de vieilles sou-

» ches..... Le mistral en fait jaillir des
» tourbillons d'étincelles. C'est le point de dé-
» part d'un horrible spectacle..... La flam-
» me fouettée par les coups de vent, semble
» dévorer l'espace..... en dehors et au-des-
» sous de la colonne de fumée, un vaste cou-
» rant embrasé dévance la marche des flam-
» mes et, jusqu'à cent mètres, les arbres en
» subissent les effets torréfiants..... des flam-
» mèches ont été portées à deux kilomètres
» de distance. On l'a vu les 20 et 21 août
» 1863, dans l'incendie de Collobrière, où le
» feu traversa comme d'un jet la vallée de
» Real-Martin, dont le fond se trouva de la
» sorte épargné....... La marche de l'in-
» cendie est irrégulière, elle suit celle des
» coups de vent et elle ne finit guère qu'avec
» eux. (Incendie des forêts dans la région des
» Maures et de l'Esterel, Provence). »

Est-il besoin de dire que le feu, le vent et
les forêts ne se comportent pas autrement dans
la province de Constantine, que dans celle
d'Alger et en Provence, et qu'il serait sans
utilité de produire ici, à l'appui des précédents,
les faits que tant de personnes y ont observé
à diverses époques et, notamment, il y a

deux mois à peine, dans la subdivision de Bône ?

Voilà donc une vérité acquise et désormais au-dessus de toute dénégation et de toute discussion : si immenses que soient les incendies et s'étendissent-ils, en un ou deux jours, à 50,000 à 100,000 hectares de forêts (chiffres très-exagérés, car les incendies de 1865, les plus vastes dont on ait entendu parler, n'ont pas atteint au-delà de 25,000 à 30,000 hectares), ils peuvent être la conséquence d'un point de départ unique, restreint, accidentel comme un bout de cigarre, une allumette ou une bourre de fusil en ignition, comme une flamme ou une simple étincelle.

Reste à examiner le problème de causalité.

Nous allons passer successivement en revue toutes les causes auxquelles les incendies observés en forêts ou en rase campagne ont été attribués.

Incendies volontaires étrangers à la malveillance. — En Algérie, comme en Corse et dans la région des Maures et de l'Esterel, les forêts brûlent souvent parce que les indigènes, en raison d'habitudes agricoles et pastorales qui remontent aux plus anciens temps, y ont mis volontairement le feu. Le fait est démontré, incontestable et non contesté, il n'y a pas lieu de s'y appesantir.

Incendies volontaires par malveillance. — En Algérie encore — comme en Corse, en Provence et partout — il peut arriver qu'un sentiment de haine et de vengeance fasse, de loin en loin, mettre le feu aux exploitations forestières ou autres, pour la satisfaction criminelle de nuire. Sous la réserve que cette cause sera admise comme très-exceptionnelle, il ne saurait non plus y avoir d'hésitation à son égard.

Incendies involontaires, par imprudence. — Il a été dit, dans le premier de ces articles, avec quelle facilité une étincelle, un charbon incandescent, une allumette ou un bout de cigarre en ignition, mettaient le feu aux chaumes et aux broussailles. On ne peut que répéter avec M. de Ribbe que « l'imprudence des » fumeurs et des chasseurs est un des plus » grands dangers que courent les bois » et reconnaître que les incendies de cette catégorie figurent parmi les plus fréquents.

Incendies spontanés dus à des gaz se dé-

gageant du sol. — Un médecin d'Alger, d'a-
près M. de Chabannes, « il y a quelques années,
» par un sirocco très-fort, aurait été frappé
» de voir plusieurs jets de flamme s'élever na-
» turellement du sol, à des moments rappro-
» chés et à des distances peu éloignées et aurait
» pu s'assurer que ces flammes n'avaient pas
» d'autre origine que la combustion des gaz
» émanés de la terre. Il ne mettait pas en doute
» que ces flammes mises en contact avec un ali-
» ment quelconque ne l'eussent immédiatement
» embrasé. (Lettre à M. Martineau des
» Chesnez). »

Rien n'est plus certain, rien n'est mieux
démontré que la réalité d'un semblable phénomène. De nombreux gaz se dégagent du sol. Les
uns sont absolument ininflammables comme
l'azote et l'acide carbonique, — d'autres ont besoin pour s'enflammer, du contact d'un corps en
ignition : hydrogène sulfuré, hydrogène carboné, etc. à l'état de pureté.—Tous les gaz enfin qui sont combustibles (et dans l'état actuel de
la science il n'est pas possible d'énumérer ceux
ayant ce caractère que fabrique le grand labo-
ratoire terrestre) passent à la flamme spontanément, au seul contact de l'air, pour peu qu'il

s'y mêle une faible trace de vapeur de phosphure d'hydrogène $Ph\,H^2$. Tels sont l'hydrogène pur et les hydrogènes phosphoré, carboné, sulfuré, arsenié, le cyanogène, l'oxyde de carbone, etc. L'hydrogène phosphoré, d'après M. Graham et M. Paul Thénard, s'enflammerait même immédiatement à l'air, sous l'influence d'une minime quantité de bi-oxyde d'azote et l'on sait depuis longtemps que, sans nul mélange, il s'y convertit en flamme à une température de 100°. En sorte que toute la difficulté, quant à l'inflammation spontanée en plein air des gaz combustibles que le sol dégage, se réduit à savoir si le milieu ambiant peut leur fournir, ou s'ils n'entrainent pas parfois avec eux, une faible trace de vapeur de phosphure d'hydrogène ou un peu de bi-oxyde d'azote. Or il est établi qu'à certaines époques, et en certains lieux, quand le terrain surtout est crevassé, des vapeurs de phosphure d'hydrogène s'élèvent qui donnent lieu à ces flammes légères connues sous le nom de feux follets.

Aux gaz inflammables par le phosphure d'hydrogène ou par le contact d'un corps en ignition sont dûs, à n'en pas douter, nombre d'incendies observés en 1670, 1671, 1685,

1743, 1754 et à d'autres époques et qui dé-
truisirent des hameaux et des villages entiers.

« Au mois de septembre 1670, dit un auteur
» que nous aurons à citer souvent, le village
» de Boncourt, près Anet..... commença à
» brûler d'un feu qui prit à la plupart des mai-
» sons, en divers temps et à diverses reprises,
» sans aucune cause apparente. Il s'allumait
» indifféremment dans les maisons, les granges
» ou les écuries; il prenait aux murailles et aux
» fumiers ; il était très-ardent et d'une couleur
» bleuâtre ; il s'en exhalait une puanteur assez
» grande; semblable à un feu follet, il allait et
» venait, se portait sur toutes sortes de ma-
» tières....... Ce feu s'alluma plusieurs an-
» nées et à plusieurs reprises, et le temps de sa
» plus grande force fut toujours vers la fin
» d'août ou au commencement de septembre, la
» température étant à peu près la même et la
» fertilité égale. On prétend qu'on pouvait an-
» noncer le retour de ce feu par des nua-
» ges rougeâtres qui s'élevaient au-dessus du
» village, et qui étaient vraisemblablement
» un effet immédiat de l'évaporation excitée
» par la fermentation du terrain où il s'allu-
» mait. Ce fait mérite plus de détails et nous les

» trouvons dans une lettre que M. Etienne
» écrivait de Chartres au mois de février de
» l'année suivante, 1671. Il marquait que
» M. l'Intendant de la généralité de Rouen
» lui avait fait voir, l'année précédente, un
» procès-verbal attesté par le lieutenant de
» Passy et un doyen rural du diocèse d'E-
» vreux, qui portait que le village de Bon-
» court avait été brûlé, depuis quatre ans, à
» diverses fois, par un feu qui prenait, sans
» aucune cause apparente....... Je me
» suis transporté, ajoute-t-il, dans ce village.
» Les habitants n'avaient point encore rebâti
» leurs maisons. Je remarquai qu'il y en avait
» bien quatre-vingts avant ces incendies, et il
» n'en restait que deux ou trois........ Au
» mois de juin de l'année 1685, le feu prit
» pareillement en plusieurs villages autour
» d'Evreux. Il fut produit par des feux sou-
» terrains qui crevaient la terre, s'élançaient
» et s'attachaient aux corps combustibles qu'ils
» rencontraient.

» A peu près dans le même temps, M.
» Etienne, chanoine de Chartres, écrivait à
» M. de Labire qu'un feu semblable venait
» de ravager un village du Perche, nommé

» Berchère. Le feu prit tout d'un coup, sans
» qu'on put en deviner la cause, et il ne fut
» pas possible de l'éteindre. On vit encore des
» feux de cette espèce, au mois d'août 1743,
» dans la paroisse de Bomenil, entre Liton et
» l'Eure.

» Un feu spontané, dont on ne put suspec-
» ter la cause, consuma environ quinze ares
» de bois taillis en quinze jours qu'il dura.
» Il était tantôt vif, tantôt lent, de couleur
» bleuâtre et rendait une odeur sulfureuse.
» La terre brûlait ainsi que le bois, les racines
» mêmes étaient consumées avant leurs tiges
» et le sol, qui paraissait sans feu, s'embrasait
» quand on soufflait dessus.

» On lit dans une lettre écrite par le célè-
» bre père Frisi, professeur de l'université de
» Pise, qu'au commencement du printemps
» de 1754, la marche Trevisane et particu-
» lièrement le bourg de Loria, ont commencé
» à être inquiétés par des feux d'une espèce
» singulière. Ces feux, dit le père Frisi, nais-
» saient de la surface même des corps qu'ils
» attaquaient, et surtout de celle des toits de
» paille et des haies de roseau. Ils n'avaient
» pas d'heure marquée, paraissant tantôt le

» jour, tantôt la nuit; l'humidité ni le vent
» ne paraissaient point leur être contraires.
» Les grandes pluies même qu'il fit pendant le
» printemps ne les interrompirent point, on
» ne les observa jamais dans des lieux clos,
» mais toujours au dehors, et ils parurent
» affecter certains endroits par préférence. Un
» seul hameau en fut attaqué une trentaine
» de fois, et une seule maison seize fois. On a
» remarqué plusieurs fois pendant ce temps
» des étincelles voltigeantes dans la campa-
» gne. . . . . . . Ce n'est pas au reste, ajoute
» le père Frisi, la première fois que de sem-
» blables phénomènes ont été observés dans ce
» pays. Gottigne, Rossan, Rainou et Gallière,
» lieux situés un peu au sud de Loria, ont été
» infectés autrefois de feux de cette espèce,
» dont le célèbre M. Riva a consacré l'histoire.
» On remarque, cependant, quelque différence
» entre les feux observés par M. Riva et ceux
» de cette année. Les premiers ne paraissaient
» que pendant la sécheresse, au lieu que les
» derniers ont paru malgré l'humidité. On
» observait du temps de M. Riva des flammes
» volantes. Cette année, on n'a vu que des
» étincelles et les flammes ont toujours paru

» naître des corps mêmes qu'elles atta-
» quaient. »

On ne saurait douter que les gaz provenant de l'intérieur du sol, et susceptibles de s'enflammer spontanément par le seul contact de l'air, ne sont pas toujours identiques. En raison d'une différence de nature, ou de quantité, ou de conditions propres au milieu dans lequel ils se dégagent, ils produisent des feux follets et mobiles, sans éclat et sans puissance, ou bien des feux intenses et fixes, de couleur variable, enflammant rapidement toute matière combustible qui reçoit leur atteinte. Il y aurait un grand intérêt à les soumettre tous à l'analyse et à les définir chimiquement, car on serait, dès lors, sur la voie de leur mode de formation, et, bientôt la possibilité ou l'impossibilité de les empêcher de naître, ou au moins de se garantir contre leurs effets, apparaîtrait à la science. Malheureusement, leur dégagement a lieu d'une manière très-irrégulière, à longs intervalles, tantôt sur un point, tantôt sur un autre, et l'on n'est prévenu de leur présence que quand la flamme les révèle. Le difficile est, par suite, de les recueillir.

D'autres gaz, avons-nous dit, se rencontrent

à la surface du sol (ou même de certaines eaux, ruisseau près de Bergerac) qui exigent, pour s'enflammer, le contact du feu. Ceux-ci sont beaucoup plus répandus que les précédents et tantôt se dégagent accidentellement, pendant quelques heures ou quelques jours, tantôt proviennent d'une source permanente qui les engendre incessamment depuis des siècles. Tout le monde connaît les *terrains ardents* des Apennins et du Daghestan ; tout le monde a entendu parler des puits de feu de la Chine et a lu, dans Aristote, l'histoire de ces souterrains que les souverains de Perse utilisaient comme étuves et comme cuisines. Si curieux que soient ces phénomènes naturels il serait oiseux de leur consacrer des développements. Nous nous contenterons d'appeler plus particulièrement l'attention sur les gaz inflammables par le feu et que le sol dégage parfois, accidentellement, pendant une période plus ou moins courte.

« M. Cossart, pharmacien à Mons, a rap-
» porté le fait suivant. Un habitant de War-
» me, qui se promenait dans une prairie, ayant
» senti une odeur de *grisou*, creusa un trou
» avec une bêche, puis il approcha un corps

» enflammé de ce trou : il vit le gaz s'enflam-
» mer et continuer de brûler. On construisit
» sur ce trou une espèce de fourneau écono-
» mique qui put servir pendant plusieurs
» jours, puis le gaz ayant cessé d'arriver, le
» feu s'éteignit. Des faits semblables sont con-
» signés dans divers ouvrages : les voyages
» de Georges Forster, de John Cooks, etc.

La lecture attentive du cas de Warme fait revenir, pour le méditer, à ce passage de M. Charles de Ribbe : dans les mois de juillet et d'août, disait un propriétaire soumis au fléau périodique des incendies et qui ne les a que trop observés de près, elles (les couches plus ou moins profondes de combustible formées sur le sol par les aiguilles de pins, les feuilles dessé-chées, les cîmes de bruyères), semblent exhaler une *odeur de feu!*

Oui, avant que les litières plus ou moins épais-ses de débris végétaux dont le sol est couvert n'en viennent à s'enflammer, la fermentation y a déjà engendré l'agent immédiat du feu, ces gaz divers qui, à la façon du grisou, se dé-cèlent par leur odeur.

Mais, objectera-t-on, si les incendies dûs à la production spontanée de gaz inflammables sont d'une réalité incontestable, toujours faut-il reconnaître qu'ils sont extrêmement rares.

Comment en parler pertinemment? Comment leur assigner un degré de rareté ou de fréquence? Une forêt, un champ, une meule de grains, une maison même, viennent un jour à être dévorés par le feu. On s'efforce de découvrir une origine à ce dernier. Nulle trace, nul indice ne s'y rattachent. Comment se permettre de conclure? Quel esprit éclairé osera déclarer, même comme présomption, qu'il s'agit là, plutôt d'une manœuvre criminelle habilement conduite ou d'une imprudence dont nul vestige ne survit que d'un phénomène naturel? Et cependant il est des hommes honorables, étrangers il est vrai à l'étude de la nature ou aveuglés par l'intérêt, qui n'hésitent pas à voir, quand même et toujours, des coupables derrière chacun des incendies qui éclatent en Algérie! Que des indigènes aient ou non été aperçus dans les bois où la flamme sinistre va s'élancer; que des fourneaux et autres engins incendiaires aient ou non été retrouvés autour ou au milieu des ruines fumantes..... peu leur importe! Il faut partout, avec ou sans preuves, y admettre la perpétration d'un crime, frapper des coupables, prélever des amendes sur des tribus rendues solidaires et responsables !(1) Malheur à toi, pauvre kabyle, si une doctrine pareille venait à prévaloir, malheur à toi qu'un hasard fatal aurait conduit à proximité de la forêt, à l'heure où le tourbillon igné va l'envahir ! Pendant des années, sous le vêtement du forçat, il te faudrait pleurer les joies perdues de ton foyer ! Malheur à vous aussi, tribus solidaires, dont le sol, à un moment donné, recelerait les éléments d'une conflagration ! Pendant des générations, pour satisfaire aux amendes prononcées, vous resteriez aux prises avec la plus affreuse misère et peut-être aussi, avec la plus mauvaise, la plus immorale des préoccupations, celle de la haine!

Incendies spontanés des arbres sous l'influence du frottement. — Un professeur de Paris, concessionnaire de chênes-liéges et incendié, se moquait très-agréablement, dans le

---

(1) On lit dans le travail de la commission d'enquête sur les incendies, que, sur 52 indigénes poursuivis pour fait d'incendies volontaires ou non, il s'en trouvait, à la date du 1er mars 1866, 7 condamnés, 21 acquittés et 24 non encore jugés.

cours d'une polémique récente, de l'influence attribuée au frottement des arbres sur la production du feu. Il rappelait que le célèbre Pouillet, après avoir imprimé inutilement, à l'aide d'un archet, un vif mouvement de rotation à une tige de bois conique, agissant dans une cavité semblable pratiquée au plein d'une planche, en était venu à substituer à ce moteur l'*action d'une petite machine à vapeur* laquelle ne détermina elle-même qu'une carbonisation sans flamme. Le professeur dont il s'agit aurait dû se souvenir qu'il y a *bois* et *bois*, *frottement* et *frottement* et que les expérimentateurs d'amphitéàtre n'arrivent presque jamais à se placer dans les conditions où s'accomplissent les actes de la nature. Le bois est plus ou moins sec, plus ou moins dense, plus ou moins poli, plus ou moins disposé par la constitution chimique des parties frottées à développer de la chaleur. Il est tantôt garni, tantôt dépourvu de son écorce, tantôt largement baigné par l'air, tantôt, comme dans l'expérience de M. Pouillet, presque à l'abri de son contact, au moins pour les surfaces en rapport. Ainsi un cylindre de bois de buis frotté contre une tablette de bois de mûrier, tout en produisant une chaleur considérable, en détermine moins qu'un cylindre de mûrier frottant sur une planche en bois de laurier. Ainsi encore, la chaleur produite varie suivant que le frottement s'exerce dans le sens du fil du bois ou en sens opposé, suivant que le frottement est superficiel et a la rapidité d'un coup de fouet ou bien dérive, comme dans les expériences scientifiques, de la combinaison d'une pression considérable et d'un mouvement soutenu. Et, quand même toutes ces données n'empêcheraient pas de conclure des faits d'amphithéâtre à ceux qui peuvent et doivent se manifester au sein des forêts, comment nier, sur la foi de l'expérience négative attribuée au cours de physique de la Sorbonne. les exemples nombreux et authentiques de roues de voitures ayant pris feu sous la seule action du frottement, de machines et de fabriques incendiées par la même cause ?

Un document administratif « fait connaître que dans une filature de coton de Puteaux, il y avait eu incendie d'une poulie par suite du frottement. »

« **En 1838**, les moulins Moneret, près Dôle, furent incendiés par suite de l'inflammation de l'encaissement des meules *à gaudes;* celles-ci *tournant à blanc,* le surveillant s'étant endormi. »

« On attribue au même effet l'incendie qui s'est déclaré dans la nuit du 11 au 12 février 1841, à Dôle, au grand moulin situé sur le Doubs, au pied de la rue des Chevannes. »

« En 1820, sur la route du Pont-Audemer à Rouen, le feu prit à l'une des roues de la diligence et l'on eut de la peine à l'éteindre. »

Pour en revenir aux forêts, nous rapellerons que Sauvigny, ancien interne des hôpitaux de Paris, qui a plus tard voyagé pour le muséum d'histoire naturelle, écrivait :

« J'ai observé ici un phénomène qui m'a paru d'un haut intérêt ; j'ai vu une forêt incendiée et j'ai su que cet incendie avait été déterminé par le frottement des branches d'arbres, frottement qui avait eu lieu, la chaleur étant insupportable et le vent balançant les arbres de manière à les briser. »

Les professeurs du jardin des Plantes furent d'abord incrédules, mais plus tard, sur le témoignage de plusieurs voyageurs qui leur affirmaient la réalité du phénomène, ils en revinrent au doute philosophique. Il est sage de faire comme eux. N'affirmons pas, ne nions pas ; réservons le fait, et, en attendant sa détermination définitive, sachons garder l'attitude dont les hommes qui cherchent la vérité pour elle-même ne se départissent pas.

Incendies spontanés par la concentration accidentelle des rayons solaires. — Nous ne savons quel auteur moderne s'émerveille de la fécondité avec laquelle tout homme, fut-il simple et manchot d'esprit, si l'on vient à heurter un de ses parti-pris, est immédiatement en mesure de fabriquer des multitudes d'arguments pour le justifier et d'en inventer sans fin de nouveaux, à mesure que l'on détruit ceux qu'il met en avant ? Son ressouvenir, quel qu'il soit, et son observation si vraie nous reviennent à l'examen de la polémique dont les embrasements de forêts ont été l'occasion et, en particulier, à l'examen du point spécial auquel notre revue arrive.

Que nous dit, à propos des incendies dûs à la réfraction des rayons solaires au travers d'un fragment de verre, un homme qui se croit peut-être dans le vrai mais qui, à côté de la mission qu'il s'attribue d'éclairer l'opinion publique, défend chaudement un intérêt privé ? « Ces incendies sont impossibles par mille raisons..... il n'est pour une lentille qu'un seul point, connu sous le nom de foyer, où se concentre la chaleur nécessaire à l'inflammation de l'amadou..... et tant *au-delà qu'en deça*, il ne se produit aucun effet..... Et puis ne faut-il pas que le fragment de verre ait une forme lenticulaire, que la direction des rayons solaires et des corps à incendier soit convenable, etc., etc. »

On pourrait répondre à ce missionnaire de la science que la surface couverte par la chaleur focale d'une lentille, si restreinte soit elle, est pour l'incendie, du moment ou l'ignition s'y produit, un point de départ suffisant..... que la forme exactement, géométriquement lenticulaire, n'est pas indispensable à l'établissement d'un foyer de concentration..... que la direction des rayons solaires, dans les changements incessants qu'elle affecte du matin au soir, présente toutes les combinaisons imaginables et, à un moment donné du jour, inévitablement, est celle qui convient pour impressionner le combustible situé au foyer de la plupart des lentilles..... que les corps susceptibles d'ignition enfin, sur un sol chargé de chaumes, d'herbes sèches et de broussailles, se font suite de si près qu'il s'en trouve toujours quelqu'un à distance focale d'un fragment de verre qui réunirait ces conditions : faire relief sur le terrain et constituer plus ou moins par sa forme, ou par un accident de sa texture, une lentille sphérique, ou cylindrique, elliptique, etc.

Mais ce serait discuter et Dieu nous garde de ce travers en matière pareille.

Laissons la parole aux faits.

Le *Journal des Débats* du 31 mai 1837, publiait l'article qu'on va lire :

« On écrit de Prusse qu'un accident assez
» singulier et qui aurait pu avoir des suites
» bien malheureuses a été observé à Kœnis-
» berg, le 28 avril dernier. Une carafe d'eau
» placée à la fenêtre d'une habitation a mis le
» feu au plancher. Si la fumée n'avait pas
» attiré l'attention du propriétaire, il est pro-
» bable quela maison serait devenue la proie

» des flammes. Cette carafe était placée de
» manière à réfracter les rayons du soleil et
» à les porter sur la partie du plancher qui a
» pris feu. Cette particularité est de nature à
» faire cesser bien des incertitudes sur les
» causes de quelques incendies. On est per-
» suadé aujourd'hui que le grand désastre du
» 14 juillet 1811, est le résultat d'une cause
» semblable. »

Autre fait :

« Dans les derniers jours de 1837, un
» pensionnat de jeunes demoiselles, à Mar-
» seille, eut sa chapelle brûlée par un incen-
» die dont la cause probable est vraiment ex-
» traordinaire. La chapelle était fermée de-
» puis longtemps, tous les cierges étaient
» éteints, le feu prit à des rideaux et causa
» beaucoup de dégâts à l'autel. On pense que
» les rayons du soleil auront rencontré sur les
» vitres de la croisée quelque défaut qui aura
» produit l'effet d'un verre ardent. »

Autre fait :

« Une explosion ayant eu lieu dans le châ-
teau de Vincennes, dans le mois d'août 1837 :
le 22 de ce mois, le procureur du roi se trans-

porta dans cette forteresse pour s'assurer que la malveillance n'était pour rien dans l'explosion de la salle d'artifice ; l'on reconnut que le feu s'était manifesté par suite de la reverbération du soleil, traversant des vitres de la salle qui avaient produit les effets d'un verre grossissant. — (*Débats*, 28 août 1837). » .

Autre fait :

« En juillet 1840, la salle d'artifice de la direction d'artillerie de Grenoble, située sous le rocher de la porte de France, sauta à cinq heures et demie du soir. On expliqua cet événement par l'effet du soleil qui, agissant sur une vitre de croisée comme sur un verre lenticulaire, avait enflammé une des pièces de l'artifice destiné à un anniversaire de Juillet. »

Autre fait :

« Un incendie à peu près semblable à celui qui a détruit, il y a quelques années, le palais de la duchesse d'Abrantès, a eu lieu dernièrement ici, écrivait-on de Breslau, le 28 novembre 1834. Heureusement qu'on s'en est aperçu assez à temps pour empêcher les progrès qu'il aurait pu faire. La cause de cet événement est restée quelque temps une énigme pour les habitants de la maison. Le feu ayant pris dans une chambre à coucher où personne n'était entré depuis plusieurs heures, et dans laquelle il n'existait ni poêle, ni cheminée, ni même de matière combustible. Les personnes qui étaient entrées dans cette pièce se disposaient à en sortir après d'inutiles recherches, lorsqu'on s'aperçut que la table brûlait encore.... . L'on reconnut, enfin, que les rayons du soleil, donnant avec force sur une carafe d'eau, avaient occasionné ce feu qui avait pris facilement par la reverbération de ces rayons sur une table vermoulue. Ce phénomène, qui s'explique en été, est étonnant dans une saison où le soleil a si peu de force. »

Autre fait :

Dans un corps de logis où il n'y avait pas une seule cheminée, la chambre de M..., se remplit de fumée. Après avoir fermé les fenêtres on découvre que la tapisserie de Perse qui était derriere une carafe pleine d'eau et à peu près semblable à celle dont se servent les metteurs en œuvre pour leurs travaux du soir, était brûlée dans une longueur d'un pied. Il faisait ce jour-là un soleil très-vif qui dardait en plein sur la carafe laquelle était devenue verre ardent et avait donné lieu à la combustion de la tapisserie (Bibliothèque physico-économique 1787).

Autre fait :

M. B..., capitaine de sapeurs pompiers, a fait connaître les faits suivants, qui datent de 1780 :

Une personne ayant par imprudence jeté un cul de bouteille sur un tas de paille exposé à l'ardeur du soleil, ce cul de bouteille fit l'effet d'un verre grossissant, il donna lieu à l'incendie du tas de paille.

Autre fait :

A Poulay, près Mayenne, les rayons du soleil, passant au travers d'une vitre, ont plusieurs fois donné lieu à l'embrasement de divers objets, notamment au mois de juillet 1780. A cette époque, un berceau placé près d'une fenêtre prit feu. Heureusement qu'on s'en aperçut à temps, et qu'on put sauver l'enfant qui était dans ce berceau.

Au regard des observations qui précèdent, tout esprit désintéressé estimera qu'il est plus sage de défendre l'abandon, dans les champs, des fragments de carafe et de bouteilles, brisées ou non, qu'il est plus sage aussi d'y recommander l'exact enlèvement des débris de verre, quels qu'ils soient, que de nier vainement, au nom d'une science qu'on interprète mal, la possibilité de tout danger d'incendie dérivant de leur présence et de la concentration accidentelle des rayons solaires.

Incendies spontanés par voie de fermentation. — L'esprit conçoit à la rigueur, dans les forêts en général, la possibilité de trois genres de fermentation susceptibles d'engendrer l'incendie :

Fermentation du sol ;

Fermentation de débris divers déposés à la surface du sol ;

Fermentation de troncs, branches ou racines d'arbres : soit ici que l'on admette la nécessité d'une pourriture déjà avancée du bois, — soit que l'état de mort du végétal paraisse une condition suffisante, alors encore que le mouvement organique ne s'y trouve arrêté que depuis quelques jours et ait été enrayé brusquement comme dans les morts dites par cessation subite de sève, — soit qu'on considère la fermentation comme possible dans les cas mêmes où la vie du végétal, pour compromise qu'elle soit, n'a pas cessé complètement.

Sur ces questions difficiles, et pour ainsi dire inexplorées, les observations et expériences ont seules une valeur parce que seules, un jour, elles conduiront à une solution réelle. Autant elles ont droit à l'examen et à la méditation autant les *a priori* intuitifs, d'où qu'ils viennent et de quelque grand nom qu'on parvienne à les faire appuyer, méritent peu d'arrêter l'attention des hommes sérieux. Qu'est-ce que peut valoir une opinion en l'air sur un problème à l'étude, si éminent que soit celui qui s'aventure à la formuler?.... Ce qu'à valu l'opinion de Napoléon Ier sur l'impossibilité d'appliquer utilement la vapeur à la navigation.

C'était certes une idée séduisante et spécieuse que celle de rattacher les incendies de forêts qui, en certaines années, éclatent simultanément sur vingt points séparés par des mers et en pays chrétien aussi bien qu'en pays musulman, à des conditions identiques et analogues, à une cause unique et naturelle, comme la fermentation végétale. L'on comprend facilement que le troisième bureau du Conseil général de Constantine en ait été frappé et, avec une prudence d'ailleurs à laquelle on n'a pas rendu justice, l'ait signalée dans un de ses rapports comme une présomption à vérifier.

Quel accueil a-t-elle reçu cependant?

Elle avait contre elle, les passions du moment, elle gênait des intérêts puissants en voie de réclamation et qui n'entrevoyaient leur satisfaction que dans l'interprétation exclusive et absolue qu'ils donnaient aux embrasements ; sa vérification exigeait beaucoup de temps, et, de toutes manières, ne pouvait être qu'une œuvre *à venir*..... Le parti intéressé à sa négation eut beau jeu et en usa lestement avec elle. Une déclaration d'impossibilité, quelques exclamations, quelques quolibets, deux attestations de complaisance comme il s'en trouve en si grand nombre à l'appui des panacées infaillibles, firent les frais de son enterrement. Mais la semence de vérité, en cela supérieure à toutes les autres, ne perd jamais sa vertu

germinative; quand on l'enterre, elle resur-
git. Le rapprochement entrevu par le troisième bureau du Conseil général de Constantine recevra, dans les limites et avec les mo-
difications qui conviennent, la consécration
qu'il appartient à l'expérience et à la science
de lui donner. Quand on en viendra à étudier
les causes diverses qui peuvent mettre les forêts
en feu, non plus eu égard à tel sinistre récent
qui a entraîné de graves préjudices et dont le
ressentiment est en pleine ferveur, mais d'un
point de vue général, comme nous le faisons
en ce moment, on fera indubitablement à la
combustion par voie de fermentation la place
qui lui est légitimement due.

Examinons les trois genres de fermentation
dont l'esprit, au premier abord, en tant que
source de flammes, conçoit la possibilité pour
les forêts.

A Fermentation du sol.

L'abbé Rozier, dans son tome **V** du *Cours
complet d'Agriculture*, s'exprime de la sorte
au sujet des incendies spontanés qui nous oc-
cupent.

« L'incendie des forêts est toujours la

suite de quelqu'imprudence ou de la méchan-
ceté, mais voici un fait qui mérite de trouver
ici sa place, il semble prouver qu'il peut y
avoir des incendies spontanés lorsque plusieurs circonstances y concourent.

« Le 8 septembre 1774, dans la paroisse
de Saint-Cyr-la-Lande, à trois lieues de Blaye,
au territoire nommé *Vergnotte*, et dans une
partie plantée en bois d'environ six cents jour-
naux, on vit la fumée s'élever en colonne du
milieu de la forêt, grossir successivement et
enfin prendre un volume considérable; sur les
deux heures de l'après-midi, l'incendie s'éten-
dit dans les bois, de manière qu'à la fin du
jour tout fut généralement embrasé, les secours, quoique multipliés, furent inutiles. »

« L'abbé Rozier faisait observer que le sol
de cette forêt était composé d'une couche de
tourbe variant d'épaisseur de 487 millimètres
à 1 mètre 299 millimètres, que cette couche
de tourbe reposait sur une couche d'argile,
que depuis plusieurs jours le temps était chaud,
le soleil très-brûlant. — Dans cet incendie
les plantes, les arbres, la tourbe, tout fut calciné, à l'exception de parties sablonneuses qui

formaient comme des compartiments ayant échappé à l'incendie.

« Rozier dit 1° que cinquante ans auparavant, en 1724, une forêt voisine, et séparée seulement de la première par une route avait été incendiée, et que les recherches faites n'avaient pas fait trouver le moindre indice qui pût faire soupçonner que le feu avait été mis ou méchamment ou par imprudence;

« 2° Qu'un homme très-digne de foi, lui assura avoir perdu une forêt placée sur une tourbière; dans ce dernier cas, les arbres ne furent point brûlés. L'ignition s'établit entre deux couches de terre, gagna de proche en proche, dévora les racines des arbres, la superficie du terrain s'affaissa également, les arbres restèrent debout jusqu'à ce qu'un premier coup de vent les eut abattus, comme les enfants renversent en soufflant, une file de cartes.

« Le même auteur dit, dans son neuvième volume, que l'on trouve dans le Beauvoisis, des tourbes pyriteuses qui, exposées au contact de l'air, fermentent, s'effleurissent, prennent feu d'elles-mêmes, brûlent, se consument

6

et laissent après elles de grands tas de cendres.

» M. Trimik, auteur allemand dont le mérite est bien connu, dit que dans les forêts où il y a des tourbes et des bruyères, il peut y avoir dans les grandes sécheresses des incendies spontanés. On doit, dit-il, quand la terre devient noire ou lorsqu'elle commence à fumer, regarder ces caractères comme le présage d'un incendie ; il faut alors que le garde forestier surveille ces endroits, qu'il sonde la terre, et s'il en retire des cendres, de la poussière, qu'il fasse faire autour de ces endroits des fossés et des trous, où il fera jeter de l'eau. Il faut, en outre, enlever les bruyères, les tourbes et toutes les matières combustibles qui se trouvent sur ces points.

On trouve encore, dans la bibliothèque physico-économique, 1786, un article dans lequel il est parlé de tourbes qui, bien que couvertes, prirent feu. L'auteur recommande de conserver les tourbes dans des lieux où il n'y ait pas de matières combustibles..... dans des caves... et en tous cas loin des granges, greniers et même des murs d'habitation.

« Bosc, dans le dictionnaire d'agriculture de l'Encyclopédie, émet sur la combustion spontanée des tourbes des idées analogues et donne les mêmes conseils. »

Il résulte de tous ces faits et de nombre d'autres que nous pourrions citer qu'un fond tourbeux est pour tous les terrains une cause de fermentation, de calorique et d'ignition quand d'ailleurs les diverses circonstances qui concourent à la manifestation de ces phénomènes se trouvent réunies.

D'autres conditions du sol, comme la présence des sulfures métalliques semblent encore pouvoir déterminer des incendies spontanés. Le feu, d'après certains observateurs anciens, se serait développé dans de grands amas de pyrites jaunâtres. Cependant nul fait d'inflammation, il faut le dire, ne se rattachait encore aux pyrites restées en place dans leur gisement, lorsqu'il y a trois jours un fait qui, selon toute apparence, est de ce genre, tomba sous nos yeux. Nous le reproduisons tel que le donne le *Moniteur universel* à la date du 27 août 1866 :

Un phénomène extraordinaire vient d'éton-

ner les habitants de Pollock, près de Glascow ;
les ouvriers employés à la mine de fer de Ga-
van, de M. Dixon, s'étaient déjà aperçus que
du gaz s'échappait du sol quand ils creusaient,
mais ils n'en tinrent pas compte ; la semaine
passée, un petit jet de gaz s'était accidentellement enflammé et fut promptement éteint.

» Il y a quelques jours, un accident du même genre prit des proportions plus graves. Un
ouvrier, avec une imprudence incroyable,
s'assit près du trou pour fumer sa pipe, mais
à peine avait-il mis le feu à une allumette
qu'il se vit enveloppé de flammes ; il put heureusement se sauver n'ayant que de légères
brûlures aux mains et à la figure. Le jet de
flammes en brûlant s'augmenta davantage et,
de cet endroit, se communiqua à l'ouverture
principale ; la nuit étant survenue, les flammes
jaillissaient toujours.

» C'était un spectacle curieux de voir, au
milieu de la nuit, une gerbe de flammes jaillir du sol et illuminer la campagne. Tous les
moyens étaient impuissants à arrêter cet incendie, et le gaz sortait avec tant de violence que
plusieurs ouvriers qui s'avançaient pour tâcher

de boucher le trou furent renversés. Une grosse chaudière de plusieurs centaines de livres, jetée sur les flammes, fut tordue et rejetée au loin.

» La source même, ayant pris feu, fut détruite.

» Les flammes s'élevaient de vingt à trente pieds au-dessus du sol, en produisant le même bruit que la vapeur qui s'échappe d'une chaudière à haute pression.

» Une dépêche télégraphique nous apprend que la flamme est éteinte, grâce aux efforts des mineurs. Des précautions ont été prises pour prévenir de semblables accidents. »

Que s'il ne s'agissait point, dans ce cas, de fermentation du sol due à la présence de pyrites, ce que le défaut de renseignements laisse à l'état de doute, on serait forcé de reconnaître que le fait se rattache à la catégorie des incendies spontanés par émanation de gaz inflammables à travers le sol.

B. *Fermentation de débris et de matières diverses à la surface du terrain.* — Plusieurs matières ont la propriété, quand elles sont abandonnées en plein air, de fermenter et de prendre feu. Pour arriver à cet état l'entassement en grandes masses est indispensable à quelques-unes, inutile à d'autres. Qui n'a entendu parler de la fermentation et de l'inflammation du foin, de la paille, de l'avoine, des regains emmeulés avant convenable dessication? Qui ne sait que les fumiers, en Algérie et pendant la saison d'été, présentent, même sous une faible épaisseur, des phénomènes de même ordre? Le lin, le coton, les feuilles tombées des arbres, les pommes de terre, la poudrette, le charbon de tourbe, les chiffons, le tabac, les débourrages et débris de laine, les tissus enduits d'huile, le bois coupé en vie et non écorcé se conduisent, quoiqu'à des degrés différents, de la même manière sous l'influence de la chaleur ambiante. Il serait superflu, au point de vue où nous sommes placé, d'examiner une à une ces diverses substances et de citer pour chacune des exemples de combustion spontanée. Qu'il nous suffise de mentionner celles qui sont tout à la fois le moins connues et d'un intérêt plus particulier pour nos champs et nos forêts.

Cotons. « Voici un fait judiciaire remarquable extrait d'une lettre d'un magistrat du département de l'Aube :

» Je me rappelle parfaitement l'affaire *A.* C'était au mois de juin 1820. Des déchets de coton avaient été rassemblés dans les coins du rez-de-chaussée et du deuxième étage et c'était précisément dans ces coins que le feu s'était d'abord manifesté ; nous ne pensâmes pas d'abord que l'incendie eût pu avoir pour origine la fermentation des résidus. Un homme qui avait été inculpé à propos de cet incendie, fut mis en liberté par suite de la preuve complète de son *alibi.*

» On était ensuite demeuré incertain sur la cause du sinistre. Ce ne fut que plus de six mois après que la cause nous en fut démontrée.

» Passant près d'une manufacture, située près le pont de Juilly, j'aperçus dans un pré une quantité de petits tas jetant une lueur bleuâtre et violette, j'en demandai la raison. Il me fut répondu que ces tas étaient des déchets de coton apportés en cet endroit pour éviter l'incendie qu'ils auraient pu occasionner dans la fabrique en s'enflammant par suite de leur fermentation...... Ce fait nous expliquait, de la manière de la plus claire, comment la fabrique de C..., avait brûlé. »

Le savant et respectable Chevallier, (1) auquel nous avons emprunté jusqu'ici, à l'exception d'un seul, tous les exemples de combustion spontanée que nous avons eu à citer, ajoute « le contenu de la lettre ci-jointe peut avoir une haute portée, si on réfléchit 1° au grand nombre de fabriques où l'on travaille le coton et la laine qui ont été la proie des flammes ; 2° à la nécessité qu'il y aurait de faire faire une enquête sur les incendies, dans le but de savoir quelles en ont été les causes. »

Il est à remarquer au surplus que les sinistres dont M. Chevallier entend ici parler sont dûs, en partie, très-probablement, à la fermentation de cotons plus ou moins huilés, ce qui constitue un cas particulier.

Feuilles tombées des arbres. — « Les feuilles tombées des arbres, dit M. Chevallier (*annales d'hygiène*, tome XXV, p. 357),

---

(1) M. Chevallier, est membre de l'académie de médecine et du conseil de salubrité de Paris, directeur du journal de chimie et l'un des fondateurs des annales d'hygiène.

sont souvent ramassées, soit pour servir de
litière aux animaux, soit pour servir de combustible, soit enfin pour être employées comme engrais : ces feuilles, ainsi ramassées, peuvent, lorsqu'elles sont entassées, éprouver une
fermentation et devenir la cause d'un incendie. »

« M. Collin lui a fait connaître que des
feuilles ainsi entassées avaient pris feu et donné
lieu à un incendie qui s'était communiqué à
une forêt et qui avait parcouru un grand espace de terrain, détruisant des bois de diverses essences. »

Sur quelle épaisseur l'entassement doit-il être
opéré pour qu'il y ait fermentation puis ignition produites ?

Nous ne connaissons aucun fait qui autorise
une réponse à cette question. Mais on peut,
en toute vraisemblance, supposer qu'il y a là
une opération complexe à laquelle concourent
plusieurs éléments et que, jusqu'à une certaine
limite, plus la chaleur extérieure est considérable, moins l'entassement des feuilles mortes, en
thèse générale, à besoin de hauteur. L'analogie
pousse à cette conclusion. Dans le milieu de la

France, les fumiers ne s'enflamment guère que lorsquils constituent des masses d'une certaine puissance. En Algérie, après quelques jours non interrompus de vent du désert, on les voit prendre feu sur des points où leur épaisseur ne dépasse pas cinquante centimètres.

Bois coupés en vie et non écorcés. — Un témoin oculaire nous a rapporté l'observation suivante : Un boulanger avait acheté des bois de saules coupés en décembre. Les fragments, variables en longueur de 1^{m}50 à 2 mètres et, en diamètre, de 12 à 18 centimètres, avaient été jetés pèle-mèle sous un hangard. Ils présentèrent, aux chaleurs, des feuilles bientôt suivies de tiges herbacées qui appelèrent l'attention et décidèrent à les débiter. Au moment de l'opération on constata, à la main, une surélévation de température considérable, laquelle fut attribuée à la fermentation. Le phénomène aurait-il pu grandir jusqu'au point de déterminer de l'ignition ? C'est une question à étudier.

C. *Fermentation des troncs, branches ou racines, les arbres étant en place et ayant gardé leurs attaches au terrain,* — On a admis, quoique avec une grande réserve et sous bénéfice de vérification, la possibilité théorique de l'inflammation spontanée, en forêt, d'un ou de plusieurs arbres par voie de fermentation. Il faut avouer que sur un pareil terrain les protestations pouvaient s'élever hardiment et sans avoir à redouter une contradiction péremptoire. Dans les deux classes de fermentation précédemment examinées, des faits irrécusables ont pu être invoqués qui dispensaient de recourir à l'autorité de la science, parce que l'observation directe, d'où ils procèdent, domine toutes les notions scientifiques qu'on pourrait essayer de leur opposer. Ici il en est tout autrement. On n'a jamais pu et, même en acceptant la réalité du phénomène, on ne pourra peut-être jamais, à moins d'expériences spéciales, constater nettement la fermentation ignée d'un arbre enraciné, qu'on le suppose ou non, mort totalement ou partiellement. Resterait donc, pour qui tient cette fermentation possible, à l'établir analogiquement, en s'appuyant des principes et des données de la science... Eh bien, cette voie elle même est sans issue. Ce n'est pas aujourd'hui, en effet, que l'opinion dont il s'agit peut, scientifiquement, être appuyée ou combattue.

Qu'est-ce que la fermentation? Que reste-t-il des idées anciennes à ce sujet depuis les travaux de M. Pasteur? Quelle part en a été ruinée définitivement et quelle part se dérobe encore aux doctrines nouvelles? Les fermentations sont elles, sans retour, soustraites au domaine de la chimie morte et doivent-elles être rattachées à la présence d'organismes inférieurs, armés pour vivre en dehors du contact de l'air et pour emprunter à diverses combinaisons l'oxigène dont ils ont besoin? Quelle est, en ce cas, la loi d'équivalence entre le mouvement moléculaire dépensé et la chaleur produite? D'autre part, n'y a-t-il pas, à côté des fermentations qui ont pour racine des actes de chimie vivante, une fermentation toute autre, celle par exemple qui, tous les ans, au moment de la floraison de la vigne, et plus tard, fait travailler les vins trop jeunes, même quand ils sont en bouteille? Cette dernière pourrait-elle, soit quand la mort est survenue en quelques heures, par suite de la maladie dite *cessation subite de sève*, soit quand elle a eu lieu en d'autres conditions, se produire dans un chène-liége, c'est-à-dire dans cette masse liquide emprisonnée et stagnante au sein du végétal et qui ne représente pas moins de la moitié de son volume?

Bien hardi serait celui qui, dans l'état actuel de nos connaissances, oserait répondre à une seule de ces questions par l'affirmation ou la négation.

Que faire donc d'une idée sur la valeur de laquelle il y a intérêt majeur a être éclairé et qu'on ne peut vérifier, cependant, ni par les faits naturels, ni par le raisonnement scientifique? La réserver jusqu'à ce quelle ait été soumise à des expériences concluantes. Ainsi est-il fait de celle qui nous occupe en ce moment et qui recevra, tôt ou tard, le seul genre de vérification qu'elle comporte.

Nous ne nous arrêterons pas longtemps, ce court exposé doit le faire comprendre, à la fermentation des troncs, branches ou racines d'arbres, envisagée comme source d'ignition. A peine avons-nous deux faits analogiques à signaler comme points de comparaison utiles à l'élucidation du problème.

1᠉ Le bois pourri ou même seulement échauffé, quand il a été préalablement desséché au four, est susceptible de prendre flamme au contact de l'air. D'où lui vient cette étrange et dangereuse propriété? Pendant combien de temps la garde-t-il? Ce sont là, ce semble, des questions faciles a résoudre. Elles n'ont été jusqu'ici, à notre connaissance, l'objet d'aucune recherche. Le fait, pour être encore inexpliqué, est néanmoins certain. A lui se rattachent nombre d'incendies soumis aux enquêtes et observés chez des boulangers et des fabricants d'allumettes (voir Chevallier, ann. d'hygiène, incendies spontanés). Est-il téméraire d'assimiler la dessication exercée par des semaines et des mois entiers de chaleurs dévorantes, à celle qui s'opère dans les fours de boulanger, *après* la *cuisson du pain?* Est-il trop hasardeux, eu égard aux bois échauffés et pourris, de conclure de l'action de l'une à celle de l'autre?

2° L'embrasement spontané d'un arbre vivant, en pleine sève, s'il venait un jour a être démontré, serait pour l'ordre végétal, sans contredit, un phénomène tout aussi étrange

que celui de la combustion spontanée humaine.
Serait-il permis de le rapprocher de cette dernière, de lui supposer, en tant que cause, un
lien de parenté avec elle ? Les deux phénomènes avaient jadis été admis par de Siebold
et indiqués, par lui comme se rattachant au
même mystère. . . . . . .

On a dit que la combustion spontanée chez
l'homme, avait toujours été attribuée à « l'u-
sage de liqueurs alcooliques ayant placé les
individus dans des conditions anormales et à
la proximité d'un corps en ignition » On a
cité la mort de la comtesse de Gœrlitz et les
noms de Liebig, de Bischoff, de Devergie, de
Tardieu. . . . . Puis, l'assertion ainsi étayée, on
en a tiré la conclusion que, quoique l'on pût
penser de l'une et de l'autre, les combustions
spontanées végétale et animale resteraient à
jamais séparées. Il est difficile de pousser plus
loin la confusion des faits et des idées. Trois
opinions règnent encore en médecine sur la
combustion humaine spontanée, en France
aussi bien qu'en Allemagne et en Angleterre,
La première repousse cette combustion comme
absolument impossible, qu'il y ait eu ou non

alcoolisme antérieur — la seconde en admet la possibilité pour les seuls cas où des excès alcooliques étaient habituellement commis — la troisième la déclare réelle, même en dehors de toute habitude d'ivrognerie.

Ces trois opinions étaient plus ou moins représentées dans la commission des douze médecins et chimistes chargés des expertises médico-légales qu'entraîna l'affaire Gœrlitz et, en définitive, ce fut la première, la plus radicale, qui, sous la parole de Liebig et de Bischoff l'emporta. Mais Grœfe, en Allemagne, Devergie, en France, protestèrent, et on peut voir dans le mémoire de ce dernier (ann. d'hygiène, oct. 1851 , p. 396), qu'il considère l'abus des liqueurs alcooliques *seulement* comme une cause prédisposante *presque* générale du phénomène.

Les combustions spontanées animale et végétale en sont donc, scientifiquement, au même point. Leur réalité, leur causalité, leur parenté font question. A l'observation et aux expériences de dissiper les ténèbres qui les couvrent.

En résumé :

Les incendies de forêts peuvent avoir lieu pàr les causes les plus diverses ;

Ils ont leur point de départ possible aussi bien à l'extérieur, à un ou plusieurs kilomètres de la lisière, qu'au sein même des massifs ;

Quand la main des hommes les a allumés ils sont le résultat soit d'une imprudence collective, soit d'une imprudence isolée, soit d'une malveillance personnelle ;

Quand ils ont lieu en dehors de toute participation humaine, ils reconnaissent l'un quelconque des phénomènes naturels qui ont été énumérés : feu du ciel, fermentation, dégagement de gaz inflammables à travers le sol, etc.

De cette variabilité d'origine des incendies résulte l'impossibilité de rien préjuger systématiquement à leur égard, de rien édicter par avance à leur sujet soit contre les individus, soit contre les tribus ou les fractions de tribu (1).

---

(1) Cette conclusion reste vraie quelle que soit la proportion relative des causes d'incendie. Nous n'avons pas besoin d'ailleurs de faire remarquer que, pour établir la variabilité de ces causes, les 25 à 30 faits qui ont été cités, valent autant que les centaines d'autres qu'il eut été facile de produire.

De cette variabilité résulte la nécessité, pour chaque sinistre, d'une enquête spéciale, conduite froidement, et en dehors de la conviction préconçue que des coupables existent et que des rigueurs salutaires sont à exercer.

De cette variabilité résulte la nécessité d'instituer — à l'effet de prévenir, de combattre ou de borner les flammes — un ensemble de mesures plus large que celui inspiré par l'opinion qui impute le fléau exclusivement à l'homme :

Il faut, par toutes les voies ouvertes à la vigilance et à la prudence, supprimer les causes accessibles des embrasements ;

Il faut, quand vigilance et prudence ont été mises en défaut, être prêt à combattre le feu à l'instant même où il surgit ;

Il faut, quand les efforts ont été impuissants à le maîtriser, que le feu trouve dans la disposition des lieux un obstacle efficace à son extension indéfinie.

Ces trois indications capitales résument tout le système préventif et défensif à employer.

La *première* reçoit la satisfaction qu'elle comporte, en ce qui concerne les causes d'origine humaine, par la combinaison des dispositions

du code et de celles que propose la commission
d'enquête de Constantine. (1) Elle est, pour les
causes d'origine naturelle, à l'exception de
deux ou trois, facile à remplir.

La *seconde* exige une surveillance incessante
et la coordination immédiate des secours que
réclame le point menacé; il n'y peut être sa-
tisfait que par la construction de postes-vigie
reliés entre eux télégraphiquement, et en com-
munication avec les diverses concessions forestières — par l'organisation sérieuse de tout le
personnel de ces concessions, et d'un certain
nombre d'indigènes, en brigades permanentes
de sauvetage, munies des engins appropriés —
par l'établissement de chemins de fer à l'amé-
ricaine embrassant tous les massifs dans leur
réseau et permettant, en un clin d'œil, le trans-
port des secours là où ils sont appelés — par la
fondation d'un syndicat représentant tous les

---

(1) Nous nous écartons toutefois de la commission
de Constantine sur un point : il ne faudrait pas que
les indigènes eussent à adresser des demandes à
l'administration à l'effet de brûler leurs broussailles.
Beaucoup plus sûr serait de faire passer, de mois en mois,
du 1er octobre au 1er mai, chez les populations inté

intérêts, et opérant en vertu d'un réglement approuvé (1).

La *troisième* indication demande une mesure qui pourra paraître un sacrifice : la division des massifs en cantons dont la superficie maximum ne dépasse pas mille hectares et qui, sans préjudice du débroussaillement intérieur, seront tous encadrés de laies séparatives, exactement essartées, d'une largeur de cent mètres. Les laies de dix mètres qui existent aujourd'hui, et sur une partie seulement du périmètre des concessions, les laies générales de 20 mètres (avec dessouchement de la broussaille sur 150 mètres) que propose la commission de Constantine, ont trop peu de largeur. Des faits observés dans la province d'Alger (forêt de la Reghaïa) et en Provence, dans la région des Maures et de l'Esterel, établissent

---

ressées, un agent qui provoquerait les demandes d'ignition, les inscrirait et assignerait un jour pour l'opération. Du 1er octobre au 1er mai, le même agent parcourrait encore le pays, mais pour réitérer sans cesse et toujours la défense de mettre le feu.

(1) Plusieurs de ces dispositions sont indiquées par la commission de Constantine.

qu'elles n'opposeraient devant les incendies qu'un vide insuffisant au travers et par dessus lequel le feu se propagerait fréquemment.

———

Nous croyons devoir annexer aux pages qu'on vient de lire la réponse suivante qui en est une sorte de complément et qui a été adressée au rédacteur du journal *la Seybouse.*

Constantine le 13 septembre 1866.

Monsieur,

Je viens de lire dans la *Seybouse*, à l'encontre de mes observations sur les incendies de forêts, un article de calme et sérieuse critique, comme les amis de la vérité en rencontrent volontiers sur leur chemin.

Répondre à un pareil article me semble une obligation.

Veuillez en conséquence, je vous prie, m'ouvrir vos colonnes une fois encore et me permettre de montrer au journal de Bône par où sa discussion pêche à mes yeux.

Je rappelle brièvement ma thèse : *connaître, fréquentes ou rares, toutes les causes du mal, telles que l'expérience de tous les temps et de tous les lieux les révèle, pour arriver*

*plus sûrement à les supprimer ou à les neu-
traliser dans l'avenir.*

Ainsi, il ne s'agit pas pour moi « des incendies qui depuis cinq ans désolent l'Algérie » et du caractère spontané ou accidentel qu'ils ont pu avoir. Il s'agit de savoir, dans l'intérêt de l'Algérie, les causes diverses qui, par le monde entier, sont susceptibles d'engendrer le feu et d'embraser soit les forêts immédiatement, soit d'abord les champs couverts de chaumes et, par extension, les broussailles et les massifs boisés.

Me serais-je trompé? Cette connaissance n'a-t-elle pas pour le pays l'intérêt que je lui suppose?

Une pareille opinion ne serait défendable que si l'on démontrait, ce qui paraît impossible, que les agents d'ignition, alors même qu'ils ont la même nature et la même énergie intrinsèque, sont influencés par une condition mystérieuse du climat, que les vapeurs de phosphure d'hydrogène $Ph\,H^2$, par exemple, si inflammables qu'elles soient en Europe, par le simple contact de l'air, cessent de l'être en Algérie.

En attendant cette démonstration — que personne, on peut le répéter sans risque, ne fournira — il est d'induction inattaquable que* ce qui est agent d'ignition sur un point du globe est agent d'ignition partout.

Dès lors ma thèse relève des faits généraux.

Mais les faits eux-mêmes, pour constituer un argument, ont besoin d'être bien vus et bien interprétés? Sans doute. Aussi, suivant les circonstances au milieu desquelles ils se sont développés, suivant la valeur des témoignages portés en leur faveur, y a-t-il lieu de les distinguer en faits certains et acquis — et en faits incertains à réserver jusqu'à plus complète constatation.

Quand je dis que les chênes-liége brûlent partout, et en France aussi bien qu'en Algérie, j'avance un fait certain, car, sans parler de l'Espagne, du Portugal, de la Sardaigne, etc., etc., le récit de M. Charles de Ribbes, relatif à la région des Maures et de l'Esterel, l'établit à lui seul.

Quand je dis que les forêts de l'Algérie ont brûlé de tous temps, avant comme après l'établissement des exploitations européennes, j'exprime un fait avéré puisque Bory de Saint-Vincent, il y a quelque vingt-cinq ans, signalait déjà les *fréquents* incendies des forêts de La Calle et de Bône , indication qui a été reproduite en 1855 par le dictionnaire *des Arts et Manufactures* (art. Liége).

Quand je dis qu'une cause d'ignition insignifiante en apparence — comme un bout de cigare, une bourre de fusil, une allumette, un charbon incandescent, une étincelle — suffit pour amener un embrasement considérable, j'articule un fait incontestable car, n'y en eut-il pas cent autres exemples authentiques, l'incendie du 9 juillet 1864, raconté par M. de Chabannes ne peut laisser un doute à ce sujet.

Quand je dis que nombre d'incendies sont dus à des gaz inflammables dégagés du sol, à la fermentation du terrain, à celle de matières diverses déposées à sa surface : foin, paille, coton, etc., j'avance des faits positifs et dont les exemples pullulent dans les mémoires des sociétés savantes.

Où donc, jusqu'ici, est l'hypothèse ? Je ne la vois que chez les hommes aveuglés d'après lesquels ces diverses causes d'ignition, partout efficientes et reconnues, seraient frappées d'impuissance en Algérie.

Quant aux causes d'incendie incertaines, pourquoi les rejeter sans examen ? Ne seront-elles pas aussi légitimement condamnées après que des expériences formelles en auront démontré le vide ? Que signifient, que peuvent valoir les convictions non autorisées que certains expriment à leur sujet ? La négation sans preuve, quand il s'agit d'opinions déjà anciennes, n'est-elle pas hypothétique au même titre que l'affirmation en l'air, et ne laisse-t-elle pas subsister le doute là où il était possible de le faire cesser ? Voulez-vous un exemple de la portée de ces convictions instinctives même chez les hommes réellement savants ? Je prends l'inflammation des arbres par la foudre et l'opinion, en ce qui la concerne, de MM. Barral et Decaisne. Le dernier nie carrément la possibilité du phénomène, le second admet cette possibilité et n'en repousse qu'une conséquence à laquelle il a été seul à songer : mise du feu simultanément, à de grandes distances. Lequel des deux a raison, lequel a tort? L'incertitude survit à leurs affirmations contraires et attend, comme s'ils avaient gardé le silence, les faits bien observés qui la dissiperont. La patience est donc nécessaire devant les points douteux; ce n'est ni par l'intuition ni par des articulations hautaines qu'on leur infuse le caractère de la certitude; il leur faut l'observation et l'expérimentation.

Que si personne n'est en droit de me refuser la vérité de mes affirmations et la légitimité de mes réserves, peu importe d'ailleurs que j'aie été habile ou importun..... que j'aie suscité de singulières idées parmi les gens intéressés à en concevoir..... que je n'aie forcé a la conviction aucun de ceux qui ont des motifs personnels pour n'être pas convaincus. La vérité, dans l'ordre naturel au moins, tient à l'essence des choses; elle est impérissable et, un jour ou l'autre, en dépit des clameurs et des oppositions, son règne arrive.

On objecte à l'une de mes assertions que des cigarettes allumées, des bouts de cigare et une bourre de fusil ont pu être jetés, fin août, par un « splendide sirocco » dans un fourré de broussailles sèches, sans produire le moindre

semblant de flamme — que deux allumettes en-
flammées, jetées en juillet sur un meulon d'herbes et de feuilles sèches, n'ont pas eu plus de
vertu et qu'enfin, au dernier incendie de
l'Edough, le gérant d'une concession forestière
put remarquer l'impuissance des étincelles,
même en masse énorme, à communiquer le
feu.

Est-il si difficile de concilier ces faits avec
ceux exactement contraires que citent MM. de
Ribbes, de Chabannes et autres observateurs?
Deux causes identiques étant données, il est
certain qu'elles produiront les mêmes effets
chaque fois qu'on les placera dans des conditions rigoureusement pareilles — et certain
aussi, si les effets qu'elles engendrent sont différents, que les conditions différaient, soit es-
sentiellement, soit par un côté accessoire. Est-
ce que l'explication de tant de résultats en apparence contradictoires n'est pas là? J'admets
donc, sans hésitation, les expériences et observations citées par la *Seybouse*, et j'en con-
clus 1° que les conditions où elles ont eu lieu
étaient autres que celles où le jet d'un corps
n ignition a produit la flamme ; 2° que l'em-

brasement des chaumes, broussailles et forêts, n'est pas la conséquence nécessaire et inévitable de la présence d'un point en ignition sur le sol ou sur des débris végétaux ; 3° Qu'en matière de causalité, qu'il s'agisse d'incendies ou d'autre chose, les faits négatifs n'infirment pas les faits positifs bien constatés.

Le journal de Bône croirait-il pouvoir conclure autrement et détruire ce qu'ont vu MM. de Ribbes, de Chabannes et cent autres, par ce qu'il n'a pu voir ? Il serait en vérité tenu, le cas échéant, à permettre à quelque confrère cette induction : que les chiens enragés ne communiquant pas la rage, de beaucoup s'en faut, à tous ceux qu'ils mordent, il n'y a pas, de par les cas négatifs, à s'inquiéter de leurs morsures.

Il va sans dire, et j'ai à peine besoin de le répéter, que si les roseaux chargés ne sont pas à mes yeux des engins indispensables à la production des combustions rapides et considérables, je suis très loin de nier leur efficacité redoutable et leur intervention dans les incendies de forêts en Algérie.

Entre mes contradicteurs et moi, la différence est seulement dans la fréquence de cette intervention.

Je ne la veux admettre que là où elle est démontrée et, quand la preuve n'en est pas faite, je maintiens qu'il y a doute légitime sur son existence et que ce doute met fin aux poursuites et interdit les condamnations.

Ils la prétendent constante, exclusive, seule invocable pour tous les incendies, quand même nul témoignage ne la revèlerait, quand même les investigations les plus complètes n'en retrouveraient pas trace. Pour eux, l'enquête est une sorte d'abomination, car elle laisse supposer que leur formule de confiance laisse une place à l'hésitation ; elle est une superfluité, puisqu'elle n'établit rien de plus quand elle est probante que lorsqu'elle est négative. Au regard de la raison, assurément, ils affirment et ils nient au-delà de ce qui est permis. Leur affirmation, ainsi absolue, porte plus ou moins souvent sur le vide, — et leur négation de la possibilité d'une cause d'incendie naturelle, alors cependant que nul indice ne trahit la malveillance ou l'imprudence, est un démenti

sans valeur aux observations et à l'expérience
du monde entier.

Leur opinion, si jamais elle arrivait à prévaloir et s'il se trouvait une autorité qui ac-
ceptât toutes ses conséquences logiques, condui-
rait, en dernière analyse, à des idées et à des
résolutions qu'il n'est pas inutile de signaler :

Le seul moyen de prévenir les incendies serait d'inspirer la terreur aux populations par
les condamnations à mort, aux travaux forcés,
à la prison, aux amendes ;

Il n'y aurait pas à s'inquiéter des causes acci-
dentelles ou naturelles qui ont été génératrices
du feu en cent endroits ; elles sont imaginaires
pour l'Algérie et l'on peut impunément y être
imprudent à leur endroit ;

Aussitôt que la flamme aurait brillé dans les
forêts, la justice saurait déjà qu'elle a des coupables à punir et des amendes à prélever ;

Il ne lui serait permis ni d'étudier ni d'hési-
ter : il y avait entente, il y avait révolte, la
punition devrait être rude et prompte ; elle n'aurait plus qu'à ouvrir ses prisons et à frapper ;

Que si, sur 56 prévenus, elle n'en atteignait
que 21, on répandrait autour d'elle, comme avis

sans doute à mieux faire une autre fois, que la répression est restée bien au-dessous de la gravité de l'attentat.

De fait, n'est-ce pas dans les cas de révolte générale que le dicton de maître Loup trouve sa plus juste application ?

Si ce n'est toi, c'est donc ton frère —
Je n'en ai point — c'est donc quelqu'un des tiens.

Oui, je l'avoue, une pareille doctrine me paraît détestable.

Elle serait, à mon sens, le renversement de toutes les notions de justice et d'équité — la consécration de ce principe odieux et nouveau que mieux vaut la condamnation de cent innocents que l'absolution d'un seul coupable — une sollicitation permanente à ces erreurs judiciaires sur lesquelles, qu'il s'agisse d'un montagnard kabyle ou d'un millionnaire parisien, l'humanité entière doit verser des larmes de sang.

Heureusement elle ne prévaudra pas et, j'ose l'attester, ceux mêmes qui la prônent n'en ont pas vu les conséquences et reculeraient devant sa mise en pratique.

J'engage le rédacteur du journal de Bône à méditer le fait suivant relaté par le *Tell* et reproduit par le *Moniteur universel* du 17 septembre courant :

« Le 3 septembre courant, toute la popu-
» lation de Cherchell était mise en émoi par un
» incendie qui menaçait de devenir désastreux.
» Un incendie dévorant de vastes bâtiments, des
» villes presque entières, est un terrible fléau,
» et pourtant celui-ci, vu l'étangeté du lieu,
» était plus horrible encore. Le feu, par une
» cause inconnue, ou plutôt par une réaction
» atmosphérique, comme on en voit parfois en
» Algérie, s'était déclaré au cimetière, parmi
» les aloès. Il menaçait d'envahir les proprié-
» tés et les habitations voisines. L'autorité lo-
» cale, deux cents chasseurs du bataillon d'A-
» frique, toujours les premiers où il y a du
» danger ou une action héroïque à accomplir,
» s'étaient transportés sur les lieux. Grâce à
» leur activité, on se rendit maître du sinistre,
» et l'on reconnut que les flammes n'avaient
» pas causé autant de dégâts qu'on aurait pu
» le croire d'abord. »

Il s'agissait ici probablement de vapeurs de

phosphure d'hydrogène $Ph\,H^2$ provenant d'une décomposition cadavérique et comme il doit s'en rencontrer souvent dans les forêts où gisent les restes de grands animaux, sangliers et fauves, genre de faits qui, pour se multiplier et obtenir enfin l'attention qu'ils méritent, n'ont besoin que d'être recherchés. Or qu'aurait-il fallu faire si l'évènement s'était produit au loin, en dehors de l'observation humaine, et si le feu, par extension, avait détruit des milliers d'hectares de forêts? D'après moi, il aurait fallu faire une enquête et, en l'absence de toute preuve de malveillance et d'imprudence, s'abstenir de poursuites. D'après mes contradicteurs il aurait fallu déclarer que tout incendie rapide et considérable étant une conséquence de la malveillance générale et d'un concert coupable, il fallait frapper des amendes sur les tribus voisines du sinistre. De quel côté se serait trouvé la justice et la vérité?

R. THIBAULT.